APPENDICE

A LA

NOUVELLE BIOGRAPHIE GÉNÉRALE

PUBLIÉE PAR LES DIDOT

APPENDICE

A LA

NOUVELLE BIOGRAPHIE GÉNÉRALE

PUBLIÉE PAR LES DIDOT

UN NOM OUBLIÉ

MOY ou MOUY (Charles-Alexandre de), curé de Saint-Laurent, d'une famille distinguée de la Lorraine, s'est fait connaître par plusieurs ouvrages et notamment par l'Accord de la Religion et des cultes qui eut le plus grand succès. Ce livre renferme les principes d'une philosophie douce et tolérante dont le but est d'engager les hommes à vivre en frères sans s'inquiéter de la manière dont chacun adresse ses vœux à l'Eternel. Il mérita à son auteur l'approbation de tous les hommes sages et fut loué par La Harpe dans son Mercure de France (1). Biographie des Contemporains par Arnaud, Jay, Jouy, Norvins.

(1) Nº du 25 février 1792.

M. Charles-Alexandre, comte de Mouy ou de Moy de Sons, est né à Saint-Mihiel (Meuse), le 7 avril 1750 et est mort à Saint-Germain-en-Laye, le 5 décembre 1833.

Il était fils de Charles Salomon, marquis de Mouy de Sons et de Jeanne-Gabrielle de Montbelliard de Francquemont.

Le 24 août 1776, l'Académie des Sciences, Belles Lettres et Arts de Besançon a décerné deux prix d'éloquence à M. l'abbé Charles-Alexandre de Mouy, pour son discours sur ce sujet : Combien le respect pour les mœurs contribue au bonheur d'un Etat.

M. l'abbé Talbert, président de l'Académie, après avoir rendu compte des ouvrages qui avaient concouru pour les prix, a dit entre autres choses ce qui suit :

Depuis deux années l'Académie demandait aux orateurs de développer cette importante vérité : Combien le respect pour les mœurs contribue au bonheur d'un Etat. Trente-cinq concurrents sont entrés dans la carrière, mais un seul a tourné la borne. L'Académie ayant deux prix à décerner à l'Eloquence, avait annoncé qu'elle les réunirait ou les diviserait selon le mérite des ouvrages. Fidèle à ses engagements, elle a cru devoir placer les deux couronnes sur la même tête. Le

discours de l'abbé de Mouy laissait trop
de distance entre lui et ses rivaux pour
qu'elle put lui en assimiler aucun.

Le 6 août 1783, Messire Charles-
Alexandre de Mouy, prêtre du diocèse de
Verdun, licencié en l'un et l'autre droit,
chanoine de l'église cathédrale et prima-
tiale de Nancy, a été mis en possession
de la cure et église paroissiale de Saint-
Laurent à Paris, par suite de la résignation faite en sa faveur par son frère
Messire Louis-Joseph de Mouy, trésorier
de la Sainte-Chapelle, et en vertu d'une
bulle du Pape Pie VI, en date de la veille
des Calendes de Juillet, 30 juin 1783, d'un
arrêt du Parlement et de la lettre de visa
de l'Archevêque de Paris, du 1er août 1783.

Le 5 octobre 1791, M. de Moy, curé de
la paroisse Saint-Laurent est élu député
suppléant à l'Assemblée Nationale législ-
lative.

Le 10 février 1792, le sieur Alexandre
de Moy, député suppléant à l'Assemblée
législative lui fait hommage d'un ouvrage
intitulé *Accord de la Religion et des
Cultes chez une Nation libre*. L'Assemblée
accepte cet hommage, décrète qu'il en sera
fait une mention honorable dans son
procès-verbal, et ordonne le renvoi de
l'ouvrage à son comité de l'instruction
publique pour en faire le rapport.

26 février 1792, M. Rabaut, à M. de Moy, curé de Saint-Laurent, député suppléant à l'Assemblée Nationale.

Votre ouvrage, Monsieur, m'a fait un si grand plaisir que j'ai cédé à la tentation d'en faire un extrait que j'ai l'honneur de vous envoyer; son premier défaut est d'être un extrait, car votre livre doit être lu entier.

Il me tardait qu'enfin l'on écrivit ce que je vous ai tant ouï dire et à Monsieur votre frère, que je pensais comme vous, que pensait et demandait l'abbé Siéyès, et qu'on n'eut pas le courage de faire.

Votre ouvrage, Monsieur, a le plus grand succès, mon esprit et mon cœur y prennent également part.

Daignez agréer les hommages de mon sincère et respectueux dévouement.

J. P. Rabaut, (1)

28 février 1792, le Ministre de l'Intérieur, (Cahier de Gerville), à Messieurs du comité d'Instruction publique.

Je suis informé, Messieurs, que vous vous occupez d'un ouvrage de l'abbé de Moy intitulé de l'*Accord de la Religion et des Cultes chez une Nation libre.*

Je dois vous dire, car je m'en honore

---

(1) Jean-Paul Rabaut Saint-Etienne, ministre protestant, député à la Constituante et à la Convention. né à Nimes 1743, mort à Paris 1793. Il s'opposa à la mise en jugement de Louis XVI et périt avec les Girondins.

beaucoup, qu'ayant eu occasion de causer avec l'Abbé de Moy de l'embarras que nous donnent les prêtres de toutes les couleurs, je trouvai dans ce vertueux curé tant de raison, tant de philosophie, que je le pressai de la manière la plus instante d'écrire et de publier ses pensées : il s'y refusa d'abord, j'insistai et il céda.

Lorsque son ouvrage a été imprimé, je l'ai envoyé à tous les corps administratifs, car je pense qu'on ne peut trop se hâter de répandre la vérité et de détruire les erreurs de l'esprit ou les préjugés de l'habitude.

Je ne connais qu'un seul département qui ait paru blessé des principes développés dans cet ouvrage, et vous penserez bien que je ne vous le nommerai pas, tous les autres lui ont donné les éloges qu'il mérite et je vous communiquerais leurs lettres si cela pouvait vous être agréable.

Je ne doute pas, Messieurs, que vous ne sollicitiez de l'Assemblée Nationale le témoignage d'approbation qui doit être la récompense la plus douce des travaux et du courage de M. l'Abbé de Moy.

17 avril 1792, Assemblée législative. Un membre du Comité de division annonce la vérification des pouvoirs de M. de Moy, député suppléant du département de Paris appelé à remplacer M. Gouvion.

M. Demoy prête le serment.

16 mai 1792, Assemblée législative. Discussion des mesures législatives à prendre contre les prêtres perturbateurs. Plusieurs députés ont parlé : MM. Vergniaud, Lecointre, Vidalot, Larivière, Demoy, Chabot, Ramond, Loustalot..., etc. M. Demoy, curé de Saint-Laurent, est le seul qui ait apporté dans la discussion de la tolérance, de la philosophie, un patriotisme éclairé, des idées sages et profondes : Son discours a été souvent interrompu par des applaudissements et l'Assemblée en a ordonné l'impression à une très grande majorité, mais le projet de décret de M. de Moy reconnu comme sage et philosophique a été écarté comme prématuré.

1er juillet 1792. Résignation par M. Demoy de ses fonctions de curé de Saint-Laurent. Sa démission remontait au 15 mars, mais sur les instances des membres du directoire du département de Paris, il avait consenti à rester encore en fonctions pendant quelque temps.

20 septembre 1792. Nous Président et Secrétaires de l'Assemblée Nationale, certifions à tous qu'il appartiendra que M. Charles-Alexandre de Moy, député du département de Paris à l'Assemblée Nationale, est vivant pour s'être aujourd'hui présenté devant nous à l'effet de requérir le présent, et qu'il est à son poste depuis

le 15 avril dernier. Cambon (fils-aîné), président, Fillassier et Lagrevol, secrétaires.

Même jour. Nous Président et Secrétaires de l'Assemblée Nationale, certifions que M. Charles-Alexandre de Moy, député du département de Paris, a prêté son serment dans la nouvelle forme prescrite par le décret du 10 août et conçu en ces termes : Je jure de maintenir de tout mon pouvoir la Liberté et l'Egalité ou de mourir à mon poste. Il était présent à la séance du 10.

Muraire, président, Fillassier et Lagrevol, secrétaires.

14 Ventose an 8 (8 mars 1800). Le Président du Tribunat au citoyen de Moy. Le Tribunat a reçu, citoyen, la brochure intitulée des fêtes, que vous lui avez adressée ; il en a accepté l'hommage, ordonné la mention à son procès-verbal de ce jour et le renvoi à sa bibliothèque.

Salut et fraternité. Chassiron.

A la fin de l'an onze (1803), M. Charles-Alexandre de Moy a été nommé censeur des Etudes au Lycée de Caen.

Le 2 floréal an 13 (22 avril 1805), membre de l'Académie des Sciences, Arts et Belles Lettres de Caen.

Le 20 avril 1809, membre de l'Athénée de la Langue Française.

Le 20 juillet 1809, professeur de philo-

sophie au Lycée et à l'Académie de Besançon.

Le 3 mai 1810, membre de cette Académie.

Le gouvernement de la Restauration a
mis M. de Moy en non activité le 28
décembre 1814, et à la retraite le 4 décembre 1818.

A partir de cette époque M. de Moy a
résidé à Saint-Germain-en-Laye ; il y est
mort, estimé et vénéré de tous, le 5
décembre 1833, âgé de 83 ans et 8 mois.

Il a été inhumé dans l'ancien cimetière
et on lit sur une pierre tombale :

CHARLES ALEXANDRE
COMTE DE MOY DE SONS
7 AVRIL 1750
5 DÉCEMBRE 1833

NOBIS MEMINISSE RELICTUM

Et au sommet de la pierre,

O. M. N. I.

Initiales de ces quatre mots d'Ovide
Omnia mutantur nihil interit.
Tout change de forme, rien ne s'anéantit.

NAPOLÉON LAURENT.

S^T-GERMAIN, IMP. DOIZELET

www.ingramcontent.com/pod-product-compliance
Lightning Source LLC
LaVergne TN
LVHW021611170726
843501LV00010B/3990